COMPRENDRE
LA LITTÉRATURE

VICTOR HUGO

Lucrèce Borgia

Étude de l'œuvre

© Comprendre la littérature.

1 rue Honoré - 93500 Pantin.

ISBN 978-2-7593-1256-6

Dépôt légal : Juillet 2021

Impression Books on Demand GmbH

In de Tarpen 42

22848 Norderstedt, Allemagne

SOMMAIRE

• Biographie de Victor Hugo.. 9

• Présentation de *Lucrèce Borgia*............................... 15

• Résumé de la pièce... 19

• Les raisons du succès.. 35

• Les thèmes principaux.. 43

• Étude du mouvement littéraire................................... 47

• Dans la même collection... 53

BIOGRAPHIE DE VICTOR HUGO

Victor-Marie Hugo est un homme de lettres français particulièrement prolixe qui s'est distingué dans tous les genres littéraires. Né en 1802 à Besançon, il est le fils cadet de dame Sophie-Françoise Trébuchet et de Léopold Sigisberg, l'un des généraux de l'Empire de Napoléon Ier.

Le général descend d'une lignée d'artisans et de cultivateurs lorrains : le grand-père de Victor était un maître menuisier. Le cadet admire dans la figure paternelle ce héros de Thionville qui avait le goût de l'écriture. Retiré à Blois, ce dernier a rédigé des ouvrages militaires, des romans comme *Aventure tyrolienne* (1826), ou encore ses *Mémoires du général Hugo, gouverneur de plusieurs provinces et aide-major général des armées en Espagne* (1823). Toutefois, durant son enfance, Hugo côtoie peu cet homme davantage absorbé par ses aventures militaires et amoureuses que par sa vie de famille. Son père préfère en effet la compagnie de Catherine Thomas, et sa rupture avec Sophie Trébuchet est officialisée en 1818.

Sa mère, issue de la noblesse bretonne, est une femme à la personnalité forte qui a transmis à ses trois fils ses convictions royalistes. Elle a notamment impliqué son amant, un officier disgracié, dans la conspiration de Malet. Mais le coup d'état organisé par le général Claude-François Malet échoue : Lahorie, parrain de Victor, est fusillé le 19 octobre 1812. Leur mère, fait rare à l'époque des Hugo, laisse ses enfants décider de leurs propres lectures.

Entre 1809 et 1813, les Hugo séjournent de manière intermittente impasse des Feuillantines dans une maison singulière qui constitue l'une des parties d'un ancien couvent. Le souvenir de ce lieu magique est gravé dans la poésie d'Hugo et il y fait référence dans *Les Misérables*. Il effectue ensuite une partie de ses études à Madrid, son père ayant étant envoyé auprès du roi Joseph-Napoléon : il est ainsi placé avec son frère Eugène au Collège des Jeunes Nobles. Mis sous la tutelle de leur tante, ils continuent leurs études dans la pension Cordier et au lycée Louis-le-Grand de 1815 à 1818, à Paris. Ce n'est qu'en 1818 que Mme Hugo obtient la garde de ses enfants qui retournent vivre à ses côtés au début de l'automne.

Sur un cahier scolaire, Victor Hugo écrit à l'âge de quatorze ans : « Je veux être Chateaubriand ou rien ! » L'ambition littéraire germe prématurément chez l'homme qui rendra hommage à son propre génie en adoptant plus tard la devise : « Ego Hugo. » Jean Cocteau commentera à sa manière cet orgueil légendaire : « Victor Hugo était un fou qui se croyait Victor Hugo. » L'adolescent se destine donc à un avenir grandiose et son objectif l'amène à briguer les prix littéraires. Du reste, la réussite ne tarde guère : en 1819, l'Académie des Jeux floraux gratifie d'un lys d'or l'ode pour *Le Rétablissement de la statue d'Henri IV*. Le jeune poète est acclamé. Egalement, Victor a seize ans quand il se donne pour défi d'écrire en quinze jours son tout premier roman qui sera édité en 1826 : *Bug Jargal* est l'histoire d'un esclave noir qui s'éprend de Marie, la fille du maître, à Saint Domingue. Avec ses frères, il fonde *Le Conservateur littéraire* en 1819, revue dans laquelle il s'adonne à la critique littéraire et politique. Il y encourage notamment Alphonse de Lamartine lors de la publication des *Méditations poétiques*. La revue paraîtra jusqu'au 31 mars 1821. Victor Hugo fait ensuite face au décès de sa mère en 1822 ; il se marie la même année avec son amie d'enfance Adèle Fouquet. Il rejoint la génération nouvelle dans *La Muse française* et travaille au développement du romantisme aux côtés d'Alfred de Vigny, Charles Nodier, Alexandre Soumet et Alexandre Guiraud. L'activité romantique s'intensifie en effet dans les années 1820. Mais dans la préface de 1824, Victor Hugo se veut encore conciliateur avec les classiques. Le ton monte dans la préface de 1827, celle de *Cromwell*. C'est grâce à elle qu'il s'impose comme le chef de file du romantisme. Théophile Gautier dira de celle-ci : « La préface de Cromwell rayonne à nos yeux comme les tables de la Loi sur le Sinaï. » Au travers de ce manifeste romantique, il recommande aux auteurs de s'éloigner des règles de Boileau, de renouveler le lexique littéraire, prône le mélange des genres, et évoque la nécessité de trouver de nouveaux points d'appui dans la littérature étrangère. Sainte-Beuve juge sévèrement la pièce et critique les excès d'Hugo. Mais le dramaturge finira par faire triompher ses idées grâce au succès d'*Hernani* (1830).

A la suite de son illustre modèle Chateaubriand, alors Ministre des Affaires Etrangères, qui prend la parole en faveur des Grecs devant la chambre des députés ; Hugo s'intéresse à la guerre d'indépendance et rédige *Les Orientales* (1829). Son philhellénisme est l'un des signes de son intérêt constant pour l'actualité – son œuvre littéraire épousant étroitement ses convictions politiques. La même année, Hugo milite pour l'abolition de la peine de mort avec *Le Dernier jour d'un condamné*. Il défendra les miséreux dans *Claude Gueux* (1834) et attribuera explicitement au poète un rôle de veilleur dans la préface des *Voix Intérieures*.

Il rédige ensuite le roman historique *Notre-Dame de Paris* (1831). Dans les années 1830, sa production théâtrale est abondante. Il conçoit des drames comme *Marion Delorme* (1831), *Le Roi s'amuse* (1832), *Lucrèce Borgia* (1833), *Marie Tudor* (1833), ou *Ruy Blas* (1838). Parallèlement, il s'illustre dans la poésie lyrique propre aux romantiques avec quatre recueils, dont *Les Feuilles d'automne* (1831), *Les Chants du crépuscule* (1835), *Les Voix Intérieures* (1837), *Les Rayons et les Ombres* (1840). En 1845, avec l'échec de la pièce *Les Burgraves*, le théâtre romantique perd du terrain face au théâtre classique.

Sa fille Léopoldine se noie avec son mari dans la Seine en 1843 ; le poète exprime son chagrin dans *Les Contemplations* (1856).

Victor Hugo, du point de vue politique, est d'abord un légitimiste qui accepte les faveurs de Louis XVIII puis de Charles X, au sacre duquel il assiste en 1825. Il voit par la suite en la belle-fille de Louis Philippe une potentielle régente. C'est à partir de la Deuxième République (1848-1852) qu'il devient véritablement républicain. Ami de Lamartine, il est élu au parti de l'ordre : il condamne les actions de Cavaignac qui à l'occasion des émeutes de juin 1848 a fait couler le sang du peuple. Exilé à Bruxelles, avec *Napoléon le Petit* (1852) et *Les Châtiments* (1852), il fustige Napoléon III qui avait fait fi de la constitution du 4 novembre 1848 pour poser les bases du Second Empire, régime proclamé le 2 décembre 1852. Plus engagé que jamais, il livre à ses contemporains une ambitieuse fresque de l'Humanité dans *La Légende des siècles* (1859) et défend à nouveau les faibles et les opprimés dans *Les Misérables* (1862). Il retournera en France à la chute de l'Empire en 1870 et deviendra député de Paris – poste dont il démissionnera. Sénateur dès 1876, il milite pour la paix et souhaite l'amnistie des communards, laquelle sera obtenue l'année 1879. Un recueil de poèmes intitulé *L'Art d'être grand-père* (1877) constitue sa dernière œuvre.

Le 22 mai 1885, Victor Hugo, qui souhaitait être enterré avec simplicité, eut droit à des funérailles nationales : c'est toute la France qui pleura le grand homme qui incarnait les valeurs de la République. Il repose désormais au Panthéon.

PRÉSENTATION DE LUCRÈCE BORGIA

A la suite du succès de *Marion Delorme*, Victor Hugo écrit consécutivement deux pièces de théâtre : *Le Roi s'amuse* et *Lucrèce Borgia*. Les deux projets naissent d'une idée commune : créer un personnage corrompu pour opposer à sa laideur la puissance de sentiments aussi purs et légitimes que l'amour paternel et maternel – par ce biais, le drame devait soulever chez les spectateurs des sentiments contradictoires de répulsion et de compassion.

Ecrit en prose, *Lucrèce Borgia* est un drame en trois actes. Hugo puise son inspiration dans la période de la Renaissance italienne, un thème à la mode. Il choisit de retracer la vie d'une famille puissante au lourd passé meurtrier : les Borgia. Originellement, la pièce avait pour titre *Le Souper à Ferrare* : ce sont Mlle George et Harel qui suggèrent à l'auteur d'en changer.

Le dramaturge s'éloigne de la vérité historique pour mettre en scène le personnage tragique de Lucrèce Borgia, la fille du pape Alexandre VI. Il se conforme à sa réputation non avérée de femme incestueuse, adultérine et empoisonneuse. Elle fait figure au théâtre de nouvelle Salomé ; on peut aussi la rapprocher de la figure mythologique de Médée. Elle est dépeinte comme une meurtrière implacable rejetée par son propre fils à qui elle n'osera révéler sa véritable identité qu'au dénouement.

Cette pièce constitue le plus grand succès théâtral de Victor Hugo. *Lucrèce Borgia* se révèle être une œuvre fort lucrative : Harel, directeur de la Porte Saint Martin, rapporte avoir encaissé 84 769 francs pour les trente premières représentations de la pièce, une recette considérable pour l'époque. Mlle George, sa maîtresse, se voit confier le rôle-titre, tandis que Juliette Drouet obtient celui de la princesse Negroni. La comédienne n'était pourtant pas pressentie pour le rôle : pour l'obtenir, elle s'était rendue directement chez l'auteur pour le lui demander. L'auteur écrira quelques répliques supplémentaires à la princesse Negroni afin d'être agréable à celle qui deviendra sa maîtresse.

La première représentation de *Lucrèce Borgia* a lieu le 2 février 1833. Le tout Paris est présent pour assister à la représentation. Harel, qui s'inquiétait du fait que le drame durait moins de trois heures, avait jugé à propos de faire jouer en première partie *Un Souper chez Louis XV*. Mais le public s'était déplacé exclusivement pour *Lucrèce Borgia*, si bien que dès la première scène, il réclama ce pour quoi il était venu : les comédiens durent cesser leur jeu et le rideau tomba avant de s'ouvrir à nouveau pour *Lucrèce Borgia*. Durant le premier entracte, Alexandre Dumas part saluer Mme Victor Hugo dans sa loge ; elle rapporte qu'il lui avait pris les mains et pleurait d'émotion. Le public, lui aussi subjugué, réclame la présence de l'auteur sur scène à la fin de la représentation. Mais celui-ci s'y refuse et dit à Harel : « Je donne mes pensées et non ma personne. » Mal lui en a pris car à la sortie du théâtre, Victor Hugo est forcé de quitter la voiture dans laquelle ont pris place sa fille et sa femme. Suivi de près par un cortège d'admirateurs, il rejoint à pied son domicile place Royale, située à l'actuelle place des Vosges. Le succès est si remarquable que le directeur lui demande dès le lendemain de rédiger une nouvelle pièce.

Après deux mois de représentation, Harel décide tout d'un coup de retirer *Lucrèce Borgia* de sa programmation, le 28 avril 1833 : Mlle George voulait-elle prendre un congé ou existait-il une rivalité inavouée entre Juliette Drouet et Mlle George ? La raison en demeure floue mais cette décision excita la colère de Victor Hugo qui écrivit à Harel qu'il ne lui confierait plus aucune de ses pièces. Ils manquent pour finir de se battre en duel. Mais le drame est remis au programme ; l'auteur oublie sa rancune et tient promesse en lui confiant plus tard *Marie Tudor*.

RÉSUMÉ DE LA PIÈCE

Acte I : Affront sur affront

Partie 1 :

L'action prend place à Venise en 1498. Des festivités nocturnes se déroulent au palais Borbarigo – un palais qui n'existait pas à l'époque des Borgia.

Scène 1

Les personnages portent tous des masques et sont habillés pour la circonstance. Ils s'entretiennent d'un crime ayant eu lieu en 1497. Jeppo Liveretto pense en savoir plus long que tous les autres grâce aux confidences de son cousin. Le cardinal Carriale a en effet eu vent du témoignage d'un batelier. Celui-ci a dit avoir aperçu à la nuit tombée sept hommes dont un cavalier qui transportait un corps qu'ils ont jeté sous ses yeux dans le Tibre, près de l'église Santo-Hieronimo. Gubetta et Jeppo révèlent qu'il s'agissait d'un fratricide, César Borgia étant l'assassin de Jean Borgia. (L'auteur s'inspire d'un fait historique : Jean Borgia a bien été retrouvé dans le Tibre cette année-là et une partie des soupçons s'était portée sur son frère.) Maffio veut connaître le mobile du crime. Gubetta dévoile que la fratrie entretenait des relations incestueuses. Jean Borgia aurait même eu un fils de sa sœur Lucrèce – ce qui expliquerait son séjour au monastère de Saint-Sixte. On a depuis perdu toute trace de l'enfant. On ne sait pas si Lucrèce a pu à temps l'éloigner de son dangereux parent. Don Apostolo, bien à propos, nous apprend que depuis sa nomination au duché de Valentinois, César Borgia a continué à décimer les siens. Gubetta, qui se fait passer pour le comte de Belverana (nom d'un camarade de classe haï par Victor Hugo) est en réalité le mieux informé de l'affaire. Il est le seul à connaître le nom du batelier : « Georgio Schiavone ». Méfiants, Maffio et Ascanio trouvent étrange que cet espagnol dispose de renseignements aussi précis. Pendant ce temps, Gennaro, qui ne se sent pas concerné par leur discussion, s'endort sur un fauteuil. Maffio ne s'en formalise pas : Gennaro est orphelin tandis que les familles Orsini, Gazella, Petrucci, Liveretto, Vitellozzo, vouent aux Borgia une haine ancestrale. Frères d'armes, Gennaro et Maffio sont pourtant liés par le destin car un astrologue leur a prédit qu'ils mourraient le même jour. Missionnés par la République de Venise, les protagonistes doivent se rendre chez le duc de Ferrare deux jours plus tard.

Scène 2

Gennaro dort encore. Gubetta songe aux secrets qu'il détient et compare son savoir à celui des Borgia : il établit une hiérarchie qui place le Diable en-dessous du Pape. Dona Lucrezia, masquée, rejoint Gubetta et Gennaro sur scène. Elle s'attendrit devant le spectacle du beau capitaine. Elle se rend compte de la présente du faux comte de Belverana qu'elle appelle par son vrai nom. Effrayé, il rappelle à la « marquise de Pontequadrato » de se montrer prudente : leurs ennemis pourraient les entendre. Celle-ci évoque alors la fatalité qui a fait d'elle une Borgia et demande des nouvelles de cinq détenus. Gubetta lui fait un rapport détaillé et attend ses ordres. A son grand désarroi, elle décide de tous les libérer. Lasse de porter le poids de sa sinistre réputation, elle est décidée à se frayer un chemin vers la rédemption. Elle tente d'expliquer son point de vue à un Gubetta abasourdi. Il sert Lucrèce depuis quinze ans et ne croit pas une seule seconde qu'un tel changement soit possible. Sceptique, il écoute son exposé en s'interrogeant sur le motif réel de ce revirement. Lucrèce désigne alors Gennaro. Gubetta sait qu'elle est partie à Venise pour le retrouver et s'est déjà renseigné sur lui. Il lui apprend que le capitaine est amoureux d'une certaine Fiamette. En examinant le visage du capitaine, il lui trouve quelque chose d'étrangement familier et s'apprête à lui en dire plus lorsqu'elle le congédie brusquement. Deux hommes épient Lucrèce, qui, pour essuyer ses larmes, retire un instant son masque. Ils sont au service du duc de Ferrare, son quatrième époux. (Pour rejoindre Gennaro à Venise, elle avait prétendu se rendre à Spolète.) Elle embrasse devant eux le front de Gennaro qui se réveille et insiste pour savoir à qui il a affaire. L'auteur établit un parallèle avec la légende de Marguerite d'Ecosse et du poète Alain Chartier. (Selon le mythe, la dauphine aurait déposé un baiser sur les lèvres du grand poète français alors qu'il était endormi.) Puis Lucrèce prend la fuite et Gennaro, piqué de curiosité, lui emboîte le pas.

Scène 3

Maffio et Jeppo reconnaissent Lucrèce Borgia. Ils vont chercher leurs amis pour sortir l'infortuné Gennaro d'une situation potentiellement dangereuse.

Scène 4

Dona Lucrezia se démasque devant Gennaro, qui, ne la reconnaissant pas, la complimente sur sa beauté. Il fait confiance à Lucrèce au point de lui révéler ses secrets : il a été élevé par un pêcheur de Calabre qu'il croyait être son père, avant de recevoir à ses seize ans la visite d'un seigneur qui lui a offert ses armes. Depuis lors, un homme en noir vient lui apporter chaque mois une lettre de sa mère. Il croit que sa mère est une dame noble aussi vertueuse que malheureuse. Il lui donne à lire l'une de ces lettres, lettre dans laquelle sa mère lui affirme qu'il est plus heureux et plus en sécurité en ignorant son vrai nom. Il déclare à l'inconnue qu'il ne veut défendre que des causes justes et que c'est pour cela qu'il a refusé de mettre son épée au service de Lucrèce Borgia. Jeppo et Maffio les rejoignent sur scène : Lucrèce remet hâtivement son masque.

Scène 5

C'est dans cette scène que Lucrèce subit, malgré ses supplications, « affront sur affront ». Tous les amis de Gennaro sont présents pour lui révéler la véritable identité de la femme qu'il se fait tout d'abord un devoir de défendre. Chacun d'eux décline tour à tour son identité devant Lucrèce, tout en lui rappelant scrupuleusement ses crimes. C'est Maffio qui lui porte le coup de grâce en lui retirant son masque et en prononçant le nom maudit. Pris d'horreur, Gennaro la rejette immédiatement. La pire crainte de Lucrèce s'est concrétisée. Sous le choc, elle s'évanouit à ses pieds.

Partie 2 :

Le décor change : on se trouve sur une place de Ferrare.

Scène 1

On assiste à un dialogue entre Lucrèce et Gubetta. Ils mettent au point les derniers préparatifs de la soirée. Dona Lucrezia rumine des idées de vengeance à cause de l'humiliation essuyée à Venise. Elle veut assassiner les amis de Gennaro. Gubetta est soulagé de la voir ainsi reprendre ses esprits. Lucrèce est plus que jamais obsédée par Gennaro, qu'elle tient à épargner à tout prix. Elle a même soudoyé son valet afin que celui-ci incite son maître à loger en face de la demeure du duc de Ferrare. Elle peut donc observer les allées et venues de son fils depuis sa fenêtre.

Scène 2

Gubetta se demande pourquoi sa maîtresse s'intéresse tant à Gennaro. Il ne comprend pas comment la fille d'un pape et d'une courtisane peut se satisfaire d'un amour platonique. Il assiste au passage des ambassadeurs de Venise tout en commentant l'inconscience des jeunes gens qui n'hésitent pas à se jeter dans la gueule du loup. Maffio rebondit sans le savoir sur les propos de Gubetta : ils n'auraient pas dû venir à Ferrare après avoir offensé Dona Lucrezia. Don Apostolo considère néanmoins qu'ils ne pouvaient pas refuser cette mission. Jeppo pense que le caractère officiel de leur venue les protégera de la fureur de la maîtresse de Ferrare, mais Maffio redoute l'art des poisons qui a fait la réputation des Borgia. On cite deux cas : - celui du sultan Zizimi, empoisonné grâce à une ruse de Lucrèce et du pape ; - celui de Montefeltro, qui souffre des effets différés d'un autre poison des Borgia (un vieillard arpente péniblement le fond de la scène). Tous sont conviés à souper par la princesse Negroni. Maffio, à contre-cœur, confirme sa participation. Jeppo interroge Gennaro sur ses prétendues amours avec Lucrèce. Gennaro apprend que l'écharpe de Fiametta est en fait un cadeau de celle-ci, il la met aussitôt en pièces et fait une déclaration de haine à Lucrèce Borgia. Il promet de venger le frère de Maffio et vandalise sur le mur le nom des Borgia en y ôtant la première lettre, le « B ». Le mot ainsi formé, « ORGIA », constitue le dernier affront de l'acte I.

Scène 3

Rustighello et Astolfo sont devant le domicile de Gennaro. L'un vient de la part du duc, l'autre de la part de la duchesse : ils tirent au sort pour se départager. Gennaro sera emmené chez Don Alphonse d'Este. Le premier acte se termine par une incertitude : le duc va-t-il tuer celui qu'il croit à tort être l'amant de sa femme ?

Acte II : Le couple

Partie 1 :

L'action se déroule au palais de Ferrare. L'auteur indique qu'au fond de la salle se trouvent une grande porte et une petite porte masquée. Alors que le décor de l'acte I est remplacé, le dramaturge est mécontent du zèle dont ont fait preuve les décorateurs. Loin d'être discrète, la petite porte est devenue ostentatoire : il s'y trouve trop de dorures à son goût. Il ira lui-même repeindre le tout en rouge durant l'entracte.

Scène 1

Don Alphonse d'Este donne ordre à Rustighello d'aller quérir dans un endroit tenu secret un plateau sur lequel sont posés un flacon d'argent qui contient de l'eau, et un flacon d'or contenant du poison. Il a pour devoir d'attendre dans un cabinet son signal. Il devra présenter le plateau s'il entend le duc prononcer son nom, et sortir son épée s'il entend le son d'une clochette.

Scène 2

Lucrèce vient se plaindre à son mari de la nouvelle offense qui lui a été faite. Cette humiliation publique la met dans tous ses états : elle déclare au duc qu'elle préfèrerait mourir plutôt que de voir un tel affront se répéter impunément. Elle lui reproche la coupable passivité dont il a fait montre alors qu'on faisait de son épouse la risée de tout Ferrare. Elle fait preuve de provocation en lui rappelant que son devoir d'époux l'enjoint à remédier à la situation immédiatement. Mari et femme sont nécessairement solidaires et défendre son honneur revient également à préserver le sien. S'il refuse de laver l'outrage, elle sollicitera l'intervention de son père et de son frère. Elle exige que le coupable sitôt trouvé soit d'office condamné à mort. Le duc fait alors appeler le prisonnier : c'est Gennaro.

Scène 3

Lucrèce reconnait avec effroi Gennaro. Elle le presse de nier être l'auteur de l'outrage et va jusqu'à lui inventer un alibi, mais celui-ci refuse d'entrer dans son jeu. Il a pour principe sacré de ne jamais mentir. Ferme, le jeune homme défend son honneur au détriment de sa vie. En dernier recours, elle demande à s'entretenir en privé avec son mari.

Scène 4

Lucrèce tente d'amadouer son mari pour le convaincre de bannir Gennaro. Usant de mille flatteries, elle l'assure de son amour en mettant en avant la puissance de leur lien conjugal. Celui-ci n'est pas dupe et prétend que son honneur lui interdit de se parjurer. Elle argue qu'elle est une femme aux mille caprices qu'on aurait tort de prendre au mot ; que les faits montrent que les puissants ont rarement respecté leurs serments. Elle cite l'exemple de son père, de son frère et de Don Alphonse lui-même qui a trahi les Petrucci. Elle change ensuite d'argument et prétend qu'il serait dans leur intérêt commun de se montrer miséricordieux aux yeux du peuple. Finalement, Don Alphonse avoue la vraie raison de son intransigeance : la jalousie, car il croit dur comme fer que le capitaine est son amant. Il veut se venger de celle qui l'a trahi et lui fait part du dégoût que lui inspire toute sa famille. Il refuse de fléchir et son seul compromis consiste à lui laisser choisir les circonstances de la mise à mort. Lucrèce, en désespoir de cause, finit par le menacer : il refuse de se laisser intimider et lui rappelle qu'à Ferrare, elle n'a aucun pouvoir légitime. Il va dans sa cruauté jusqu'à charger Lucrèce d'administrer elle-même le poison à Gennaro.

Scène 5

C'est avec une noire ironie que le duc d'Este fait croire à Gennaro qu'il a été gracié. Celui-ci se confond en remerciements. Il lui fait même une confidence : c'est lui qui deux ans auparavant avait sauvé son père sur le champ de bataille. Loin de s'attendrir, le duc l'invite à boire un verre de vin en sa compagnie. Gennaro accepte le verre que lui verse Lucrèce. Une fois son méfait accompli, le duc les laisse seul à seul.

Scène 6

Lucrèce, horrifiée, apprend à Gennaro que le vin est empoisonné. A cause de sa réputation, il la tient d'emblée pour coupable de cet acte odieux. Quand Lucrèce lui propose un contre-poison, il le refuse, croyant qu'elle se joue de lui comme elle s'était jouée du frère de Bajazet. Il la soupçonne de connaître son vrai nom et de vouloir par ce nouveau crime accabler sa mère. Enfin, contrairement au duc qui lui est redevable, Lucrèce a toutes les raisons de vouloir se venger de celui qui vient de l'humilier devant tous les habitants de Ferrare. Malgré ses doutes, il finit par accepter le remède. Il fuit le château, non sans maudire celle qu'il croit être responsable du malheur de sa mère. Bouleversée, elle s'évanouit sur un fauteuil.

Partie 2 :

Il fait nuit et l'action a de nouveau lieu sur la place de Ferrare.

Scène 1

Le duc d'Este réprimande Rustighello qui a laissé Gennaro se sauver. Fou de colère, il lui reproche de n'avoir pas - quitte à tuer sa femme – mis fin à la vie du capitaine. Mais il aurait été fort déraisonnable pour le duc de s'en prendre à la fille d'un des personnages les plus importants de l'Italie, lui expose son serviteur. Toutefois, grâce aux précieux renseignements du valet de Gennaro qui travaille aussi pour Rustighello, ils savent qu'il n'a pas encore fui la ville et décident de lui tendre une embuscade.

Scène 2

Maffio insiste pour que son frère d'armes l'accompagne chez la princesse Negroni. Il s'est en effet renseigné sur le compte de leur hôtesse et ne craint plus de se rendre au souper. Gennaro lui demande de renoncer à ce projet dangereux et veut l'emmener avec lui loin de Ferrare. La perspective de voyager de nuit sur des routes mal fréquentées n'enchante pas Maffio. Gennaro lui raconte alors ce qu'il vient de se passer chez le duc mais son interlocuteur ne prend pas au sérieux l'affaire du poison. Il considère que Lucrèce est amoureuse de Gennaro et que son ami s'est laissé duper par une mise en scène ayant pour objectif son prompt retour à Venise (Lucrèce pourrait l'y retrouver loin des yeux de son époux.) En se faisant passer pour sa sauveuse, elle comptait probablement s'attirer plus aisément les faveurs d'un jeune homme qu'elle espérait naïf. Chez Gennaro, le mauvais pressentiment persiste, mais il ne veut sous aucun prétexte abandonner son frère d'armes : il accepte donc à contrecœur sa proposition. Attentif à leurs échanges, le duc renonce à son plan initial et regarde avec satisfaction les deux hommes courir à leur perte. Il sait que des choses terribles se préparent au palais Negroni.

Acte III : Ivres morts

L'action se déroule au palais Negroni.

Scène 1

Jeppo, Maffio, Asciano, Oloferno, Don Apostolo, Gubetta et Gennaro dînent en compagnie de sept femmes ravissantes. Tous prennent part aux festivités. Gennaro, seul, est d'humeur morose. Maffio Orsini, subjugué par le charme de la princesse Negroni, abandonne toute prudence, s'accusant même d'avoir été « fou » d'avoir pu imaginer un instant que l'invitation au palais Negroni pouvait être une ruse des Borgia. Jeppo est heureux de le trouver aussi raisonnable. Toutefois, Maffio s'interroge toujours sur le comte de Belverana et ne peut se retenir de lui faire part de ses observations :

celui-ci n'a pas touché au vin espagnol. L'homme de main de Lucrèce joue parfaitement son rôle. Il se montre virulent avec les Borgia et cite avec fierté les noms de sa lignée espagnole. Mais Gubetta doit maintenant trouver le moyen de chasser les femmes de la salle. Il cherche donc le conflit avec Oloferno qui est particulièrement ivre. Celui-ci tient absolument à déclamer un sonnet ; Gubetta voit là l'occasion parfaite d'échauffer le marquis. Provocateur, il lui déclare qu'il ne veut pas écouter de la poésie. Il se montre si impertinent qu'il le traite de « bélître », de « lourdaud », d'ivrogne grossier, ou de grosse volaille. Le pari est réussi, l'homme est tellement furieux qu'il veut tuer l'espagnol sur le champ. Alors qu'il s'arme d'un couteau, toutes les femmes prennent la fuite. Gubetta lui reproche avec ironie sa grossièreté pendant qu'on tâche de le calmer. Jeppo se rend compte qu'ils sont enfermés alors qu'il part à la recherche des fuyardes, mais Maffio se veut à son tour rassurant : elles ne voulaient sans doute pas que les hommes partent à leur recherche. Gennaro finit par se dérider et trinque avec ses compagnons. Maffio voit Gubetta vider son verre par-dessus son épaule. Ils finissent par le croire réellement saoul, quand celui-ci se met à chanter une chanson paillarde dans laquelle il s'adresse à Saint Pierre, le gardien des clefs du Paradis. Une procession de moines au-dehors entonne aussitôt un chant religieux. Ce chant se réfère aux psaumes. A minuit, il est trop tard pour des vêpres, aussi les compagnons pensent à un chant funèbre. On trinque en l'honneur des morts. Mais voilà que la procession rentre dans la salle où ils se tiennent. Ils blêmissent tous car le piège se referme. Dans un vain espoir, Jeppo pense à une farce de leur hôtesse. Mais il est vite détrompé, car derrière le capuchon, nul visage féminin, mais celui d'un moine à la mine sévère. Le doute n'est plus permis : ils sont les victimes d'un complot savamment orchestré.

Scène 2

Lucrèce fait une entrée triomphante dans la salle du palais Negroni. Son projet de vengeance a parfaitement fonctionné ; les seigneurs qui l'ont humiliée à Venise sont maintenant à sa merci. En affirmant qu'ils sont chez elle, elle leur confirme sa toute-puissance et les renvoie à leur impuissance. Elle tient à leur annoncer en personne le châtiment qu'elle leur réserve : tous les cinq mourront une heure plus tard par empoisonnement. Elle interpelle chaque condamné et énumère sadiquement, un à un, les crimes que les Borgia ont commis contre sa famille. Ce passage fait écho à la scène 5 de l'acte I. Il s'agit d'une torture d'ordre psychologique : chaque aveu lui permet de jouir du spectacle de leur douleur. Elle rappelle donc à Jeppo Liveretto que son oncle Vitelli est mort poignardé dans les caves du Vatican ; à Asciano Petrucci que son cousin Pandolfo a été assassiné ; à Maffio Orsini que son frère de Gravina est mort étranglé ; à Apostolo Gazella que son père Francisco Gazella a été décapité et que son cousin Alphonse d'Aragon a été égorgé. Lucrèce a tout prévu : les moines de Saint-Sixte pourront recevoir leur confession, et cinq cercueils ont été préalablement confectionnés afin de mieux les épouvanter. A ce moment-ci, Gennaro, sort de sa cachette et vient à la rencontre de Lucrèce, en lui précisant que le compte n'y est pas. Elle ordonne aussitôt qu'on les laisse seuls et qu'on ne les dérange sous aucun prétexte.

Scène 3

Lucrèce se demande ce qui peut expliquer la présence de Gennaro en ces lieux. Désespérée, elle s'exclame qu'il va mourir. Il lui explique alors avec calme qu'il a toujours en sa possession le contre-poison. Lucrèce exprime dès lors un sincère soulagement. Il lui demande s'il y a assez d'antidote dans la fiole pour sauver tout le monde. Elle lui apprend qu'elle ne contient qu'une seule dose, et qu'elle lui a de plus donné tout ce qu'elle avait encore en réserve. Gennaro commente froidement cette révélation par une brève réplique : « C'est bien. » La peur de perdre Gennaro l'empêche de prendre conscience de la détermination qui habite son fils. Constatant son manque de réaction, elle le presse d'ingérer le remède, et lui confirme qu'elle va une fois de plus tout arranger pour son départ. Toutefois, Gennaro n'a en aucune manière l'intention de fuir. Il veut au contraire venger immédiatement ses amis en tuant leur malfaitrice. Il s'empare d'un couteau sur la table. Lucrèce est stupéfaite : elle fait face à une situation qu'elle n'avait jamais envisagée. Gennaro ne prête aucune attention à ses exclamations. Il la presse simplement de s'en remettre à Dieu. Lucrèce met en doute la réalité de ce qui se déroule sous ses yeux : l'idée que Gennaro puisse commettre un matricide, autrement dit un crime contre-nature, lui est insupportable. Se sachant dans une impasse, elle lui avoue une partie de la vérité : son père était Jean Borgia, duc de Gandia. Il découvre donc avec horreur qu'il est le neveu de Lucrèce. Il déduit de cette information que sa mère n'est autre que la duchesse de Gandia. Il lui paraît à présent évident que ce sont les Borgia dont sa mère disait se défier dans sa correspondance. En tuant Lucrèce, il pense délivrer sa mère d'une personne qui la menace. De plus, au vu de la découverte de ses véritables origines, Gennaro estime qu'il est de sa responsabilité de laver les crimes perpétués par sa famille en supprimant les coupables. Il tire ce raisonnement d'une légende médiévale castillane qui raconte que Mudarra – le fils bâtard d'une noble lignée qui avait été reconnu par son père et sa femme – tua son oncle pour venger la mort de ses sept demi-frères. Par cette révélation incomplète qui visait à arrêter son fils, Lucrèce a fourni en réalité deux motifs supplémentaires à Gennaro de la tuer. Lucrèce le supplie de conserver son innocence, mais cet argument s'avère nul pour Gennaro qui se sait à sa grande douleur issu de la famille la plus dépravée de toute l'Italie. L'emploi du mot « amour » par Lucrèce soulève d'ailleurs son indignation. Le trouvant insensible, elle finit par le traiter de lâche : un homme peut-il s'en prendre à une femme sans défense ? Elle invoque un argument chrétien : qui plus qu'elle a besoin de temps pour se repentir de ses fautes ? Il lui demande des renseignements sur la mère qu'il a idéalisée. Elle n'a toujours pas la force de le détromper. Elle négocie sa vie en lui proposant de porter le voile et de consacrer le reste de ses années à expier ses fautes. Au moment où Gennaro allait fléchir, il entend la voix de Maffio qui lui réclame vengeance. Il commet alors l'irréparable. La dernière réplique se conclue par cet aveu déchirant : « Je suis ta mère ! »

LES RAISONS
DU SUCCÈS

Pourquoi Lucrèce Borgia n'a-t-elle pas été censurée ?

Pour les professionnels du théâtre, le contexte politique est difficile durant La Monarchie de Juillet (1830-1848). Le pouvoir s'est toujours défié du théâtre qui représente à ses yeux une tribune publique potentiellement dangereuse. On craint les dérives d'une liberté absolue sans toutefois officialiser la censure au théâtre. Toute censure aurait dû d'ailleurs théoriquement disparaître grâce à la charte du 14 août 1830. Mais un vide juridique provoque des incompréhensions, car l'article 7 de la charte constitutionnelle ne précise pas si le théâtre était concerné ou non par la volonté de garantir la liberté d'expression. Une tentative de légiférer prit la forme d'un projet de loi en 1831. On se proposait de laisser à l'appareil judiciaire le pouvoir de censurer les œuvres qui porteraient atteinte aux bonnes mœurs, à la religion, au roi, ou encore aux ministres ; mais le projet échoua. En 1833, la question sera relancée par le député M. Jars, mais aucune loi ne sera formulée et les scandales persisteront.

Le cas qui fit le plus de bruit fut celui de la pièce *Le Procès d'un maréchal de France* (1815) de Depeuty et Fontan en 1830. Au mois de décembre, Camille de Montalivet avait demandé à ce que la pièce soit présentée au public à une date ultérieure. Ce service lui fut accordé, et ce n'est que neuf mois plus tard que la première représentation eut lieu. Mais ce jour-là, le préfet de police, M. Gisquet, ordonna au directeur d'annuler la représentation. M. Langlois refusa d'obéir et la police fit évacuer de force la salle. La pièce faisait référence au maréchal Ney qui avait été exécuté en 1815 durant La Première Restauration. Nommé Ministre de l'Intérieur de Louis-Philippe le 2 novembre 1830, le comte de Montalivet était chargé d'orchestrer la protection du procès de quatre ministres de Charles X. Ceux-ci avaient été accusés d'avoir participé au coup de force constitutionnel qui avait eu pour résultat les ordonnances de Saint-Cloud du 25 juillet 1830 – élément déclencheur de l'insurrection de juillet. Le procès devait se dérouler devant la chambre des pairs du 15 au 21 décembre 1830. Ainsi, le ministre ne voulait pas que le public puisse établir un parallèle entre ces deux procès. Il existe d'autres exemples de censure et Alexandre Dumas connut également quelques empêchements : on donnera l'exemple d'Antony dont la première représentation eut lieu le 3 mai 1831 : l'œuvre sera censurée après trois cent cinquante représentations. Plus tard, *La Tour de Nesle*, jouée à partir de 1832 sera sauvée par son succès populaire mais sera tout de même censurée en 1836.

C'est dans ce contexte confus que Victor Hugo écrit *Le Roi s'amuse* en 1832 et *Lucrèce Borgia* en 1833. La première pièce citée a été censurée le lendemain de sa première représentation, dès le 23 novembre 1832. Voici comment l'affaire débuta : M. d'Argout, Ministre chargé de la surveillance des théâtres, use de son droit de se faire expédier le manuscrit de M. Hugo – qui se rend au ministère pour manifester son refus catégorique de soumettre sa pièce à une censure préventive. (Sa réaction est pour le moins compréhensible si on considère que *Marion Delorme* avait été définitivement interdite le 14 août 1829 – et de fait jusqu'à l'accession au trône de Louis-Philippe.) On fait promettre à l'auteur que son contenu ne portera aucunement atteinte aux mœurs publiques. Le National réagit négativement à la première représentation. On reproche au drame son amoralité car Victor Hugo y fait apparaître le Roi François Ier en train de boire et de s'amuser avec des prostituées. Victor Hugo conteste cette interdiction et assigne vainement le théâtre français. Après cela, il cherchera un nouveau théâtre pour représenter *Lucrèce Borgia*, déterminé à braver ceux qui entravent sa liberté d'expression.

Dans sa préface, Hugo nous apprend que *Le Roi s'amuse* et *Lucrèce Borgia* sont des œuvres jumelles. Pourquoi dans ce cas n'ont-elles pas connu le même destin ? On sait que cette pièce fut particulièrement attendue : c'est avec impatience que le public se précipita au Théâtre de la Porte Saint-Martin. Le sujet choisi attise la curiosité d'un public qui anticipe un nouveau scandale – qu'il se refuse à manquer. Contrairement à la première pièce, et malgré quelques sifflets, *Lucrèce Borgia* remporte un succès populaire. Elle s'adresse en effet à un public plus large du fait qu'elle a été écrite en prose, et non en vers. Cet engouement immédiat protège d'office la pièce des censeurs. Mais cette tolérance s'explique surtout par le choix d'un sujet moins problématique. Ce qui a causé la censure de la première pièce, c'est le fait que l'auteur avait écorché le portrait du prédécesseur du roi Louis-Philippe. L'auteur ne s'en prend donc plus à la royauté française. Il s'inspire cette fois d'une famille étrangère : les Borgia. La presse qui avait critiqué avec sévérité *Le Roi s'amuse* jouée à la Comédie-Française s'incline devant le succès évident de la nouvelle pièce : la quasi-totalité des journalistes relateront le succès de *Lucrèce Borgia*. (Jules Janin fera par exemple une critique très élogieuse de celle-ci.) Cette œuvre échappera ainsi au destin de la pièce de 1832.

La remarquable longévité de Lucrèce Borgia

L'auteur reçoit, suite aux représentations de ce nouveau drame, des lettres d'injures. La plupart proviennent de membres du clergé qui lui reprochent de prêcher le crime et la débauche. Mais ces désagréments répétés découlent de fait du grand succès de l'œuvre. Très tôt, on concevra des parodies de celle-ci. Aux Variétés, en 1833, on joue par exemple *Tigresse Mort-aux-Rats, ou Poison et Contre-poison, Médecine en 4 doses*.

Le 2 février 1870, après une vingtaine d'années, une reprise est finalement autorisée au théâtre de la Porte Saint Martin. A ce moment-ci, l'auteur est toujours en exil, aussi cette représentation fut-elle un véritable évènement. George Sand, y ayant assisté, raconte à Victor Hugo le déroulement de la soirée : « Quelle ovation à votre nom et à votre œuvre ! » Elle lui avait en effet écrit une longue lettre d'éloges où elle lui confirmait le caractère pérenne de la pièce. Elle en analyse les raisons :

« J'ai revu aujourd'hui Lucrèce Borgia telle que je l'ai vue alors. Le drame n'a pas vieilli d'un jour ; il n'a pas un pli, pas une ride. » « Cette belle forme, aussi ferme et aussi nette que le marbre de Paros, est restée absolument intacte et pure. Et puis, vous avez touché là, vous avez exprimé là, avec votre incomparable énergie, le sentiment qui nous prend le plus aux entrailles ; vous avez incarné et « réalisé » la mère. C'est éternel comme le cœur. »

L'écrivain souligne ensuite la limpidité et l'efficacité de la construction ternaire de ce qui lui apparaît être la meilleure œuvre théâtrale du maître :

« Trois actes, trois scènes suffisent à poser, à nouer, et à dénouer cette étonnante action : la mère insultée en présence du fils ; la mère punie et tuée par le fils empoisonné ; le fils empoisonné par la mère. »

Plus tard, le drame est repris au Théâtre de la Gaité lors de sa réouverture en 1881. Victor Hugo a à ce moment-ci quatre-vingt ans et *Lucrèce Borgia* y est à nouveau acclamée. La pièce a été montée en seulement trois semaines par Paul Meurice.

Le rôle de Lucrèce sera repris par Sarah Bernhardt en 1911.

Il faudra attendre quatre-vingt-cinq ans pour voir le drame apparaître enfin au programme de la Comédie Française. Sur l'affiche de 1918, on peut lire : « Lucrèce Borgia "drame en quatre actes en prose". » M. Emile Fabre est à l'origine de ces changements qui n'ont pas fait l'unanimité.

Il serait trop long d'énumérer toutes les reprises qui ont été réalisées depuis lors. Mais, il est intéressant de constater que durant l'année 2014, le drame a fait l'objet de trois différentes mises en scène : celle Jean-Louis Benoît dans le cadre d'une tournée française ; celle de Denis Podalydès pour la Comédie-Française ; celle de David Bobet au château de Grignan.

LES THÈMES PRINCIPAUX

Un héros romantique

Gennaro incarne à la perfection l'archétype du héros romantique. Ce jeune marginal qui ne connaît pas ses véritables origines se croit étranger à la question politique soulevée par ses amis au début de la pièce : pourtant, un fatal secret pèse depuis toujours sur sa vie. Il idéalise sa mère qu'il ne connaît qu'au travers des lettres qu'il reçoit mensuellement. Il se distingue par sa noblesse de cœur et n'hésite pas à secourir les personnes dans le besoin. Il vit intensément chacune de ses émotions et cette spontanéité fait de lui un personnage aussi naïf que courageux. D'une droiture sans faille, il craint davantage le déshonneur que la mort. A la fin de la pièce, il n'est pas loin de se laisser attendrir par les remords de Lucrèce, mais il voue un amour fraternel à Maffio dont il respecte la dernière volonté. Cette noble âme se donne aussi pour mission de réparer le mal causé par sa famille. Son comportement en fin de pièce contraste avec son sommeil symbolique de la première scène : avoir connaissance de son vrai nom l'oblige à se prononcer lors de dilemmes on ne peut plus cornéliens.

Deux masques pour une femme à double-visage

Quel est le véritable visage de cette femme monstrueuse qui a le cœur d'une mère ? Lucrèce Borgia est une personne complexe : elle est tout à la fois une victime et une meurtrière. Elle porte le nom fatal des Borgia, et est haïe par le peuple au point de devoir taire par honte sa vraie identité à son propre fils. Dans un entretien avec Gubetta, elle lui révèle vouloir laver ce nom maudit pour pouvoir aimer et être aimée de nouveau. Au début de la pièce elle est prête à tout pour mériter l'amour de l'innocent capitaine d'aventures.

Quand elle comprend que celui-ci est son fils biologique, elle emploie toute sa ruse à le sauver de la haine jalouse de son mari et des périls du château Negroni, de même qu'elle avait su le mettre à l'abri des griffes de son oncle.

Mais Lucrèce est surtout une femme dangereuse qui est secondée efficacement par un homme de main aussi impitoyable qu'elle qui l'accuse lors du bal d'avoir voulu déguiser son âme. Il semble que celui-ci ait vu clair en Lucrèce, puisque ce fragile espoir de rédemption ne résistera pas à l'incident de Venise. Sa soif de vengeance sera alors si terrible qu'elle n'hésitera pas à empoisonner tous les amis de son fils lors d'une mise en scène sadique. Lucrèce est toujours perdue par son trop grand orgueil qui place à chaque fois son fils dans des situations périlleuses. Elle s'oppose en cela à Gennaro qui sait faire preuve de mansuétude. Le destin de Lucrèce sera aussi terrible que ses crimes : son fils mourra de sa main sans qu'elle ne puisse rien faire et le quiproquo fatal mènera à l'inéluctable matricide.

ÉTUDE DU MOUVEMENT LITTÉRAIRE

Le romantisme

Le XIXe siècle est traversé par trois mouvements littéraires et artistiques : le symbolisme, le réalisme et le romantisme. Le romantisme a eu une ampleur européenne. Il apparaît au XVIIIe siècle en Angleterre et en Allemagne. Il a pour thèmes de prédilection la nature, Dieu, la mélancolie, le mal de vivre, l'onirisme et l'exotisme. Des œuvres telles que *Chant d'Innocence* (1789) de Blake, ou les *Ballades Lyriques* (1798) de William Wordsworth voient le jour à cette période. Goethe célèbre déjà l'osmose de l'homme et de la nature, comme le peintre Caspar Friedrich plus tard, au XIXe siècle.

Le romantisme français triomphe sous La Restauration et La Monarchie de Juillet et s'étendra jusqu'en 1850. Il s'oppose au rationalisme des lumières et à la rigidité de l'idéal classique. Le romantisme est une réponse au mal du siècle postrévolutionnaire : la génération romantique traversera avec souffrance une période de grande instabilité politique. Ce mal-être explique la volonté d'engagement de la génération romantique qui rêve d'une société meilleure.

Le romantisme français est marqué par trois événements-clés : le succès des *Méditations Poétiques* de Lamartine (1820) ; la bataille d'*Hernani* au Théâtre-Français (1830) ; l'échec des *Burgraves* (1843). L'adjectif « romantique » prendra son sens moderne en France grâce à Jean-Jacques Rousseau qui s'en servira pour qualifier des paysages pittoresques qui seraient la peinture d'un état intérieur. Le terme « romantic » est apparu originellement en Angleterre en 1650.

Le premier succès du romantisme

Les *Méditations Poétiques* d'Alphonse de Lamartine

connaissent un grand succès en 1820. Sa poésie, par son intense expressivité, renouvelle le champ d'une poésie française rendue statique par la fixité des normes classiques. Le lyrisme du vers est l'invention poétique qui signera l'acte de naissance du romantisme.

L'invention du drame romantique

Après le succès de la poésie romantique, c'est au théâtre que les romantiques entendent faire triompher la nouvelle école. Ils tentent de tracer les lignes d'un nouveau genre pour prendre d'assaut la forteresse classique. Ainsi, de 1820 à 1830, les manifestes romantiques se multiplient, dont la fameuse préface de *Cromwell* de Victor Hugo en 1827. Celle-ci fait grand effet car elle canalise tout ce dont se réclament les romantiques. Alfred de Vigny approuve l'ouvrage : « Un livre immortel, un colossal ouvrage, qui couvre de rides toutes les tragédies modernes de nos jours. » Ce manifeste établit en effet de nouveaux codes pour offrir au public davantage de réalisme. On y prône donc l'abandon total des règles du théâtre classique. On met fin à la règle des trois unités car elles tronquent l'illusion théâtrale ; on décide de renouveler le lexique ; on alterne les registres de langue et les tonalités (épique, lyrique, tragique, comique...) afin de rapprocher le théâtre de la vie réelle. L'idée fondamentale du théoricien est le mélange des genres. Les thèmes diffèrent également : on s'éloigne du monde antique pour s'intéresser à l'histoire et surtout à l'histoire nationale afin de livrer une critique contemporaine au public postrévolutionnaire. Enfin, cette dernière idée est tout particulièrement hugolienne : l'auteur veut faire ressortir le sublime et le grotesque pour susciter un paroxysme d'émotions contradictoires : « Et il serait exact de dire que le contact du difforme a donné au sublime moderne quelque chose de plus pur, de plus grand, de plus sublime enfin que le beau antique. » Cette même idée sera à l'origine de la conception des drames jumeaux *Lucrèce Borgia* et *Le Roi s'amuse*. Contrairement au théâtre classique, le but d'un drame romantique est de soulever l'émotion. C'est pourquoi le théâtre romantique, de même que la poésie romantique, est connu pour son lyrisme flamboyant.

Madame de Staël avait fourni aux romantiques les moyens de lutter contre la forteresse classique en propageant dans *De l'Allemagne* le théâtre de Schiller, Goethe, Lessing et Schlegel. Schlegel trouvait absurdes les règles du théâtre classique français et prônait déjà le mélange des genres. Les œuvres allemandes sont traduites et jouées en France, et l'œuvre de Schiller est particulièrement appréciée ; en 1821, Schiller est traduit par Barante et Le Globe annoncera pas moins de six adaptations en France de *Guillaume Tell* pour la seule année 1828. En plus de l'influence allemande, les romantiques s'intéressent au théâtre anglais. Stendhal oppose ainsi le théâtre shakespearien à celui de Racine dans le pamphlet *Racine et Shakespeare* (1825) : « Le combat à mort est entre le système tragique de Racine et de Shakespeare. » Alfred de Vigny traduit *Othello* en 1829 et déclare que le théâtre doit dorénavant se concevoir comme un tableau large de la vie, et propose notamment de créer non plus des rôles mais des « caractères ».

Mais l'inspiration est également française puisque que le drame romantique fut précédé par la tragédie historique et le mélodrame. A la suite du maître du genre, Guibert de Pixerécourt, Vigny, Dumas et Hugo exploitent l'arsenal de ce théâtre. Pour Nodier, le drame romantique ne serait d'ailleurs guère plus que des mélodrames agrémentés d'un lyrisme artificiel. Aujourd'hui, le drame romantique est considéré comme un sous-genre du théâtre.

Le 11 février 1829, le premier grand événement dramatique du romantisme a lieu quand Dumas fait jouer un drame historique écrit en prose qui annonce le drame romantique : *Henri III et sa cour*. Victor Hugo, inspiré par son confrère, compose *Marion Delorme* au mois de juin de la même année.

Le chef de file du romantisme permet à ce nouveau système de s'imposer en préparant scrupuleusement *Hernani ou l'honneur Castillan*. Roi de la réclame, il mobilise tous ses soldats pour avoir raison des censeurs et des classiques qui ont très tôt organisé une propagande à l'encontre de la pièce. Les romantiques veulent défendre la liberté au théâtre. Ils passent à l'offensive le 25 février 1830 alors que leur chef déclare : « La brèche est ouverte, nous passerons. » Chacun se présente à la Comédie-Française muni d'un carton rouge avec le mot de passe « Hierro » dès trois heures de l'après-midi pour occuper les lieux. Ils sont majoritaires pour livrer cette bataille littéraire décisive, et parmi eux se trouvent notamment Théophile Gautier, Gérard de Nerval et Alexandre Dumas. *Hernani* est applaudi : la bataille est gagnée et ce succès est largement relayé par la presse.

Quand les spécialistes parlent des *Burgraves*, il considère cette œuvre comme le Waterloo du romantisme. Les classiques reprennent du terrain grâce au succès de *Lucrèce* face aux *Burgraves*. Hugo renonce d'ailleurs au théâtre après cette pièce. Les romantiques renouent avec le succès grâce aux poèmes de Vigny et de Gérard de Nerval vers la fin de la première moitié du XIXe siècle.

DANS LA MÊME COLLECTION
(par ordre alphabétique)

- **Anonyme**, *La Farce de Maître Pathelin*
- **Anouilh**, *Antigone*
- **Aragon**, *Aurélien*
- **Aragon**, *Le Paysan de Paris*
- **Austen**, *Raison et Sentiments*
- **Balzac**, *Illusions perdues*
- **Balzac**, *La Cousine Bette*
- **Balzac**, *La Femme de trente ans*
- **Balzac**, *Le Colonel Chabert*
- **Balzac**, *Le Lys dans la vallée*
- **Barbey d'Aurevilly**, *L'Ensorcelée*
- **Barbey d'Aurevilly**, *Les Diaboliques*
- **Bataille**, *Ma mère*
- **Baudelaire**, *Les Fleurs du Mal*
- **Baudelaire**, *Petits poèmes en prose*
- **Beaumarchais**, *Le Barbier de Séville*
- **Beaumarchais**, *Le Mariage de Figaro*
- **Beauvoir**, *Mémoires d'une jeune fille rangée*
- **Beckett**, *En attendant Godot*
- **Beckett**, *Fin de partie*
- **Brecht**, *La Noce*
- **Brecht**, *La Résistible ascension d'Arturo Ui*
- **Brecht**, *Mère Courage et ses enfants*
- **Breton**, *Nadja*
- **Brontë**, *Jane Eyre*
- **Camus**, *L'Étranger*
- **Carroll**, *Alice au pays des merveilles*
- **Céline**, *Mort à crédit*

- **Céline**, *Voyage au bout de la nuit*
- **Chateaubriand**, *Atala*
- **Chateaubriand**, *René*
- **Chrétien de Troyes**, *Perceval*
- **Cocteau**, *La Machine infernale*
- **Cocteau**, *Les Enfants terribles*
- **Colette**, *Le Blé en herbe*
- **Corneille**, *Le Cid*
- **Crébillon fils**, *Les Égarements du cœur et de l'esprit*
- **Defoe**, *Robinson Crusoé*
- **Dickens**, *Oliver Twist*
- **Du Bellay**, *Les Regrets*
- **Dumas**, *Henri III et sa cour*
- **Duras**, *L'Amant*
- **Duras**, *La Pluie d'été*
- **Duras**, *Un barrage contre le Pacifique*
- **Flaubert**, *Bouvard et Pécuchet*
- **Flaubert**, *L'Éducation sentimentale*
- **Flaubert**, *Madame Bovary*
- **Flaubert**, *Salammbô*
- **Gary**, *La Vie devant soi*
- **Giraudoux**, *Électre*
- **Giraudoux**, *La Guerre de Troie n'aura pas lieu*
- **Gogol**, *Le Mariage*
- **Homère**, *L'Odyssée*
- **Hugo**, *Hernani*
- **Hugo**, *Les Châtiments*
- **Hugo**, *Les Contemplations*
- **Hugo**, *Les Misérables*
- **Hugo**, *Notre-Dame de Paris*
- **Hugo**, *Ruy Blas*
- **Huxley**, *Le Meilleur des mondes*
- **Jaccottet**, *À la lumière d'hiver*

- **James**, *Une vie à Londres*
- **Jarry**, *Ubu roi*
- **Kafka**, *La Métamorphose*
- **Kerouac**, *Sur la route*
- **Kessel**, *Le Lion*
- **La Fayette**, *La Princesse de Clèves*
- **Le Clézio**, *Mondo et autres histoires*
- **Levi**, *Si c'est un homme*
- **London**, *Croc-Blanc*
- **London**, *L'Appel de la forêt*
- **Maupassant**, *Boule de suif*
- **Maupassant**, *Le Horla*
- **Maupassant**, *Une vie*
- **Molière**, *Amphitryon*
- **Molière**, *Dom Juan*
- **Molière**, *L'Avare*
- **Molière**, *Le Malade imaginaire*
- **Molière**, *Le Tartuffe*
- **Molière**, *Les Fourberies de Scapin*
- **Musset**, *Les Caprices de Marianne*
- **Musset**, *Lorenzaccio*
- **Musset**, *On ne badine pas avec l'amour*
- **Perec**, *La Disparition*
- **Perec**, *Les Choses*
- **Perrault**, *Contes*
- **Prévert**, *Paroles*
- **Prévost**, *Manon Lescaut*
- **Proust**, *À l'ombre des jeunes filles en fleurs*
- **Proust**, *Albertine disparue*
- **Proust**, *Du côté de chez Swann*
- **Proust**, *Le Côté de Guermantes*
- **Proust**, *Le Temps retrouvé*
- **Proust**, *Sodome et Gomorrhe*

- **Proust**, *Un amour de Swann*
- **Queneau**, *Exercices de style*
- **Quignard**, *Tous les matins du monde*
- **Rabelais**, *Gargantua*
- **Rabelais**, *Pantagruel*
- **Racine**, *Andromaque*
- **Racine**, *Bérénice*
- **Racine**, *Britannicus*
- **Racine**, *Phèdre*
- **Renard**, *Poil de carotte*
- **Rimbaud**, *Une saison en enfer*
- **Sagan**, *Bonjour tristesse*
- **Saint-Exupéry**, *Le Petit Prince*
- **Sarraute**, *Enfance*
- **Sarraute**, *Tropismes*
- **Sartre**, *Huis clos*
- **Sartre**, *La Nausée*
- **Senghor**, *La Belle histoire de Leuk-le-lièvre*
- **Shakespeare**, *Roméo et Juliette*
- **Steinbeck**, *Les Raisins de la colère*
- **Stendhal**, *La Chartreuse de Parme*
- **Stendhal**, *Le Rouge et le Noir*
- **Verlaine**, *Romances sans paroles*
- **Verne**, *Une ville flottante*
- **Verne**, *Voyage au centre de la Terre*
- **Vian**, *J'irai cracher sur vos tombes*
- **Vian**, *L'Arrache-cœur*
- **Vian**, *L'Écume des jours*
- **Voltaire**, *Candide*
- **Voltaire**, *Micromégas*
- **Zola**, *Au Bonheur des Dames*
- **Zola**, *Germinal*
- **Zola**, *L'Argent*

Lightning Source UK Ltd.
Milton Keynes UK
UKHW011232240921
391121UK00002B/369